BEI GRIN MACHT SICH IHR
WISSEN BEZAHLT

- Wir veröffentlichen Ihre Hausarbeit,
  Bachelor- und Masterarbeit

- Ihr eigenes eBook und Buch -
  weltweit in allen wichtigen Shops

- Verdienen Sie an jedem Verkauf

Jetzt bei www.GRIN.com hochladen
und kostenlos publizieren

Bibliografische Information der Deutschen Nationalbibliothek:

Die Deutsche Bibliothek verzeichnet diese Publikation in der Deutschen National-bibliografie; detaillierte bibliografische Daten sind im Internet über http://dnb.d-nb.de/ abrufbar.

Impressum:

Copyright © 2010 GRIN Verlag, Open Publishing GmbH
Druck und Bindung: Books on Demand GmbH, Norderstedt Germany
ISBN: 9783656985228

Dieses Buch bei GRIN:

http://www.grin.com/de/e-book/336899/gab-es-in-franken-um-900-ein-stammesher-zogtum

Andreas Ratz

Gab es in Franken um 900 ein Stammesherzogtum?

GRIN Verlag

GRIN - Your knowledge has value

Der GRIN Verlag publiziert seit 1998 wissenschaftliche Arbeiten von Studenten, Hochschullehrern und anderen Akademikern als eBook und gedrucktes Buch. Die Verlagswebsite www.grin.com ist die ideale Plattform zur Veröffentlichung von Hausarbeiten, Abschlussarbeiten, wissenschaftlichen Aufsätzen, Dissertationen und Fachbüchern.

Besuchen Sie uns im Internet:

http://www.grin.com/

http://www.facebook.com/grincom

http://www.twitter.com/grin_com

Universität zu Köln
Sommersemester 2010

Historisches Seminar I   10.11.2010

Seminar: Recht und Gerichte im Mittelalter

Gab es in Franken um 900 ein

Stammesherzogtum?

Lehramt Geschichte

Inhaltsverzeichnis

1. Einleitung

„Unausrottbar scheinen die Herzogtümer Ost- und Westfranken, die uns die historischen Schulatlanten (...) auf den Karten für die Zeit von etwa 900 bis etwa 1200 einreden wollen. Das ist deshalb ärgerlich, da Atlanten ja historische Informationen geben wollen. Den Raum vom Hunsrück bis zum Fichtelgebirge darf man zwar mit Recht als *Franken* einzeichnen, aber eben nicht als *Herzogtum Franken.*" Gerd Zimmermann weist uns 1963 in seinem Aufsatz „Vergebliche Ansätze zu Stammes- und Territorialherzogtum in Franken" darauf hin, dass seiner Meinung nach ein „Herzogtum" Franken um 900 gar nicht existiert habe. Da es aber auf heutigen Karten in historischen Atlanten so abgebildet ist, könnte man sich fragen wieso Zimmermann darauf kommt, dass Franken kein Stammesherzogtum war. Betrachtet man die Forschung genauer, so kommt man zum dem Schluss das Franken im Gegensatz zu den anderen sich im in den ersten Jahren des 10. Jahrhunderts ausbildenden Herzogtümern nicht eindeutig als solches bezeichnet werden kann. Viel zu groß scheinen die Unterschiede zu den anderen Herzogtümern Bayern, Schwaben, Lothringen und Sachsen. Neben Zimmermann untersuchen vor allem Herfried Stingl und Hans-Werner Goetz die Frage ob Franken Stammesherzogtum war oder nicht. Aufgrund der wenigen Quellen aus der Zeit um 900 ist diese Frage noch nicht endgültig beantwortet worden und diese Tatsache rechtfertigt eine Beschäftigung mit diesem Gegenstand. Zunächst werden grob die Merkmale eines Stammesherzogtums beschrieben danach die Aufgaben eines Herzogs oder „dux" erläutert. Danach werde ich versuchen zu beantworten ob Franken zu den Stammesherzogtümern zählte und seine führenden Köpfe „Herzöge" waren. Schließlich werde ich noch analysieren ob das „Herzogtum" Franken von den Königen des Reiches anerkannt wurde oder nicht. Als wichtigste Autoren hierzu sind die schon erwähnten Goetz und Stingl zu nennen, welche beide in der 1970er Jahren Werke zum Thema Herzog und Stammesherzogtum veröffentlichten. Außerdem setzte sich bereits 1940 Edmund Stengel mit dem Thema auseinander. Doch sein Werk bleibt nur am Rande erwähnt weil Stingl und Goetz seine Argumente des Öfteren widerlegen. Letztlich wird vor allem die Frage zu klären sein ob die Bergriffe „Herzog" und „dux" synonym verwendet werden können und welche Rolle Eberhard, der Bruder des Königs Konrad I., spielte, welcher lange die Führungsposition des fränkischen Stammes inne hatte.

2. Merkmale eines Stammesherzogtums

Die Merkmale, welche ein Stammesherzogtum kennzeichnen, sind bis zum heutigen Tag nicht allgemeingültig oder wissenschaftlich festgelegt. Auch ist die genaue Geschichte der Stammesherzogtümer nicht ausreichend untersucht und wird bis heute weiter diskutiert. Hans Werner Goetz beschreibt ein Stammesherzogtum zu karolingischer Zeit als eine ethnische, rechtliche, militärisch-politische sowie kulturelle Einheit.[1] Er zeigt, dass sich diese durch ihre gemeinsame Abstammung und Sprache, wegen ihres Stammesrechtes, aufgrund der Heeresgliederung und wegen ihrer gemeinsamen Tradition als eine Gemeinschaft sahen.[2]

Die Heeresführung, welche schon immer eng mit dem Herzogtum verbunden war[3], zeichnete sich als eine Möglichkeit ab, die Macht und das Ansehen der einzelnen Führer des Stammesherzogtums zu vergrößern. Die ständige Bedrohung von außen, vor allem durch die Normannen, Slawen und Ungarn erzwang das militärische Eingreifen und die Ausbildung starker Gewalten.[4] Vor allem in den Grenzgebieten mussten sich die

---

[1] Hans-Werner Goetz: „DUX" und „DUCATUS". Begriffs- und Verfassungsgeschichtliche Untersuchungen zur Entstehung des sogenannten „Jüngeren" Stammesherzogtums an der Wende vom Neunten zum Zehnten Jahrhundert. Bochum, 1977. S. 35.
[2] Ebd. S. 35.
[3] Ebd. S. 42.
[4] Ebd.

Grenzgrafen immer wieder gegen die Einfälle von außen durchsetzen. Als einen weiteren Grund für die Ausbildung der Stammesherzogtümer sieht Herfried Stingl die Schwäche des Königtums, vor allem unter Ludwig dem Kind, welches nicht in der Lage war, die Feinde von außen erfolgreich abzuwehren.[5] Ohne Unterstützung durch den König waren die Herzöge gewissermaßen gezwungen eine starke Position einzunehmen um sich gegen die Feinde zu behaupten. Das Herzogtum war somit einerseits eine unabhängige Einrichtung weil der Herzog selbstständig regierte. Andererseits unterstand er aber dennoch dem König.[6]

3. Die Aufgaben der Herzöge und der Titel „Dux"

Das Wort „dux" kommt aus dem Lateinischen und als Grundbedeutung könnte man vor allem „Führer" oder „Leiter" bezeichnen. Im engeren Sinne bedeutet das Wort „dux" eher „militärischer Befehlshaber".[7]

Die wichtigste Aufgabe eines Herzogs bestand ohne Zweifel in der Heeresführung. Manche Forscher sind sogar der Meinung, dass sich der Begriff „dux" ohne diese militärische Aufgabe gar nicht erst durchgesetzt hätte.[8] Zudem gehörte die Wahrung des Landfriedens, eine gewisse Gerichtsbarkeit, die Einberufung von Landtagen, in Einzelfällen auch die gesetzgebende Gewalt, eine eigene Außenpolitik und die Kirchenhoheit zu den Aufgaben eines Herzogs. Außerdem besaßen einige Herzöge das Münzrecht und andere spielten eine übergeordnete Rolle bei der Königswahl.[9] Die Herzöge waren zudem, vor allem um 900, eng mit dem König verbunden. Goetz bemerkt dazu: „Die Politik der „Herzöge" liegt wohl durchweg im Interesse des Königs; auch ihre

---

[5] Herfried Stingl: Die Entstehung der deutschen Stammesherzogtümer am Anfang des 10. Jahrhunderts. Aalen, 1974. S.169.
[6] Vgl.: Goetz: 1977. S. 51.
[7] Vgl.: Stingl: 1974. S. 7.
[8] Vgl.: Goetz: 1977. S. 52.
[9] Vgl.: Ebd.: S. 53.

sog. außenpolitischen Unternehmungen verstoßen nicht gegen die königlichen Richtlinien. Königsdienst und Königsnähe sind also Kennzeichen der sog. Herzöge."[10]

Laut Goetz gibt es zwei verschiedene Merkmale, welche festlegen wer eigentlich ein Herzog war: Erstens musste ein Herzog in den Quellen „dux" genannt worden sein und zweitens war ein Herzog, wer nachweisen konnte, dass er der führende Mann eines der späteren Herzogtümer (Bayern, Lothringen, Sachsen, Schwaben, oder, wie noch zu beweisen oder zu widerlegen ist, Franken) war.[11] Allerdings kann damit noch lange nicht bewiesen werden ob ein „dux" wirklich als ein Herzog tituliert werden kann weil die Begriffe „dux" und „ducatus" nie einheitlich und mit denselben Bedeutungen verwendet wurden.[12] Außerdem wurden viele Personen nur als „dux" bezeichnet weil sie Heerführer oder für den militärischen Schutz eines Grenzgebietes verantwortlich waren.[13] Dies zeigt schon deutlich, dass ein synonymer Gebrauch der beiden Wörter „Herzog" und „dux" fragwürdig ist. Als Beispiel hierfür nennt Stingl den Babenberger Heinrich, den Sohn des Poppo: „882 wurde Heinrich mit der Verteidigung der Reichsgrenze gegen die Normannen betraut, gegen die er vier Jahre später vor Paris fiel. Nur als Heerführer erhält Heinrich in den erzählenden Quellen mehrmals den Titel „dux"."[14]

Daraus kann man laut Stingl nicht folgern, dass Heinrich Amtsherzog von Ostfranken gewesen sei.[15]

Ein weiteres Beispiel für die fragwürdige Gleichsetzung von „dux" und „Herzog" aus dem späten 9. Jahrhundert bietet Zimmermann indem er den oben genannten Poppo in den Fuldaer Annalen als „dux Thuringorum" wiedergibt. Ein Herzogtum Thüringen hat es aber nie gegeben. Der Titel „dux" wurde laut Zimmermann „ohne strenges System gebraucht.".[16] Diese Beispiele machen deutlich wie komplex eine genaue Auseinandersetzung mit den Begriffen „dux" und „Herzog" ist. Die begriffsgeschichtliche Perspektive, zum Beispiel wann zum ersten Mal das Wort „Herzog" in den Quellen vorkam, oder ob das althochdeutsche Wort „heritogo" identisch mit „dux" zu verwenden

---

[10] Ebd.: S. 343.
[11] Vgl.: Ebd.: S. 68.
[12] Vgl.: Ebd.: S.69.
[13] Vgl.: Stingl: 1974. S.10.
[14] Stingl: 1974. S. 65.
[15] Vgl.: Ebd.: S. 65.
[16] Gerd Zimmermann: Vergebliche Ansätze zu Stammes- und Territorialherzogtum in Franken. in: Jahrbuch für fränkische Landesforschung 23. 1963. S. 379-408. S.384.

ist, habe ich bewusst außen vor gelassen um den Rahmen dieser Arbeit nicht zu sprengen. Außerdem könnte man sich in dieser Hinsicht noch mit den Begriffen „comes" oder „marchio"[17] beschäftigen um den genauen Hintergrund zu den Herzögen zu erforschen. Schließlich kann nicht bewiesen werden ob ein „dux" auch wirklich mit einem Herzog gleich zu setzen ist, denn beide Begriffe wandelten sich im Laufe der Zeit.[18] Stingl behauptet dass der Titel „dux" in den Urkunden des Königs grundsätzlich „Herzog" bedeutet[19], während Goetz die Titulierung „Herzog" in den ersten vier Jahrzehnten des 10. Jahrhunderts nur bedingt als richtig ansieht.[20]

4. Zählte Franken zu den Stammesherzogtümern und waren seine Führer Konrad der Jüngere und Eberhard Herzöge?

In seriösen Nachschlagewerken wie dem Lexikon des Mittelalters wird Franken im 10. Jahrhundert zu den fünf Stammesherzogtümern Schwaben, Bayern, Sachsen und Lothringen gezählt. Laut Stingl ist zum Beispiel auch nie bezweifelt worden, dass es in Lothringen ein Herzogtum gab. Allerdings ist es in der Forschung immer wieder kontrovers diskutiert worden ob ein fränkisches Stammesherzogtum existierte und somit ob Konrad der Jüngere, welcher 911 König zum König gewählt wurde, und später sein Bruder Eberhard Herzöge waren.[21]

Um die Existenz des Stammesherzogtums Franken zu beweisen wird immer wieder die Sachsengeschichte von Widukind von Corvey herangezogen. Der Mönch Widukind beschreibt darin die Königswahl von Otto I. im Jahre 936 bei der auch der genannte Eberhard dabei gewesen sein soll. Widukind zählt darin unter den anwesenden Herzögen, Giselbert, der Herzog von Lothringen, Hermann, Arnulf und Siegfried auch Eberhard als Truchseß auf.[22] Die Herzöge hatten dabei die Aufgabe dem neuen König zu dienen und

---

[17] Vgl.: Goetz: 1977. S. 73.
[18] Vgl.: Ebd.: S. 74.
[19] Vgl.: Stingl: 1974. S. 146.
[20] Vgl.: Goetz: 1977. S. 84.
[21] Vgl.: Stingl: 1974. S. 183.
[22] Vgl.: Zimmermann: 1963. S. 383.

ihn beim Festmahl zu bewirten.[23] Aus der Tatsache, dass Eberhard als Vertreter der fränkischen Provinz daran teilnahm, kann man schließen, dass zumindest Widukind daran glaubte, dass es ein fränkisches Stammesherzogtum existiert habe. Auf den ersten Blick scheint die Frage ob es ein Herzogtum Franken gegeben hat also mit Ja zu beantworten sein. Auch der Historiker Edmund Ernst Stengel vertritt diese Meinung. Laut Stengel hätten die Konradiner Konrad der Ältere und seine Söhne Konrad und Eberhard, nachdem sie in der Babenberger Fehde 902-906 gesiegt hatten, bis 939 ein fränkisches Stammesherzogtum entstehen lassen. Dieses sei allerdings mit dem Tod Eberhards 939 in der Schlacht von Andernach wieder verschwunden.[24]

In der neueren Forschung, Stengel schreibt 1940, also deutlich vor Goetz und Stingl, kann die Frage nicht so leicht beantwortet werden. Laut Goetz, 1977, hatten die Herzogsgeschlechter wegen ihrer großen Besitztümer zwar eine bedeutende Stellung und im Vergleich zu anderen Familien auch größere Macht, doch konzentrierte sich ihr Handlungsspielraum stark auf bestimmte Ballungsgebiete und nicht auf den gesamten „Stamm" oder das „Herzogtum."[25] Diese Aussage unterstützt auch Zimmermann indem er schreibt, dass den Franken das Stammesbewusstsein fehlte.[26] „Und wenn auch in Franken gelegentlich Aufstände gegen den König aufflammten, so war das stets Sache einzelner Großer und nie der „Stamm" als solcher daran beteiligt."[27]

Zimmermann stellt abschließend deutlich heraus, dass es ein fränkisches Stammesherzogtum im 10. Jahrhundert nicht gab. Auch gab es dort seiner Meinung nach kein „Herzogtum ohne Herzog."[28] Man könne für die Zeit von 885 bis 939 nur in Ansätzen von einem Stammesherzogtum Franken sprechen und diese Ansätze seien symptomatisch für die fränkische Geschichte.[29]

Doch wenn es in Franken kein Stammesherzogtum gegeben hat, konnten dann Konrad, der spätere König, und sein Bruder Eberhard überhaupt Herzöge gewesen sein? Laut

---

[23] Vgl.: Ebd.: S. 384.
[24] Vgl.: Edmund E. Stengel: Der Stamm der Hessen und das „Herzogtum" Franken. Weimar. 1940. S.14.
[25] Vgl.: Goetz: 1977. S. 319.
[26] Vgl.: Zimermann: 1963. S. 388.
[27] Zimmermann: 1963. S. 389.
[28] Vgl.: Ebd.: S. 380
[29] Vgl.: Ebd.:

Stingl ist diese Frage umstritten.[30] Nach dem Tod des Vaters Konrad der Ältere ging die führende Position des konradinischen Hauses an Konrad und seinen Onkel Gebhard. Dieser starb aber 910 beim fränkischen Heerbann gegen die Ungarn.[31] Dass Konrad nach Gebhards Tod die Hauptfigur der Konradiner war, bestätigt auch die Tatsache, dass er 911 zum König gewählt wurde und nicht einer seiner Verwandten.[32] Als Führer des konradinischen Geschlechts hob sich Konrad sicherlich deutlich durch Einfluss und Ansehen von den anderen fränkischen Grafen ab. Ob diese ihn jedoch auch als ihren Oberherren anerkannten und er folglich „dux" oder „Herzog" war, dafür gibt es laut Stingl keinen Beleg.[33] Zwar nennt ihn Widukind in seinem Bericht einmal „dux francorum"[34], aber seine Ausführungen sind für die ersten Jahrzehnte des 10. Jahrhunderts äußerst fragwürdig, denn seine Sachsengeschichte entstand erst ungefähr drei Jahrzehnte nach dem Tod Eberhards, also um 960.[35] In einer Urkunde Ludwig des Kindes wird Konrad der Jüngere 910 als „dux" bezeichnet.[36] Doch dies beweist nicht, dass Konrad wirklich „Herzog" war, denn wie schon beschrieben, ist es gar nicht bewiesen ob Franken jemals ein „Herzogtum" war. „Auch möchte man meinen, dass der jüngere Konrad den auszeichnenden Titel vielleicht nur deshalb erhalten hat, um von seinem im gleichen Diplom bedachten Vetter und Namensvetter Konrad Kurzpold, dem mindermächtigen Grafen im Niederlahngau, leichter unterschieden zu werden."[37]

Auch glaubt Stengel, dass Konrad nie ein Herzogtum im staatsrechtlichen Sinne inne hatte, denn es müsste sonst spätestens bei seinem Tod auf seinen Bruder Eberhard übergegangen sein.[38] Damit müsste man sich nun noch einmal die Rolle Eberhards vergegenwärtigen.

Laut Widukind von Corvey, und wie oben bereits erwähnt, zählte Eberhard zu den Herzögen, welche im Jahre 936 bei der Königswahl von Otto I. teilnahmen. Er vertrat dort den fränkischen „Stamm" und war den Herzögen von Bayern, Schwaben, Sachsen und

---

[30] Vgl.: Stingl: 1974. S. 68.
[31] Vgl.: Ebd.:
[32] Vgl.: Ebd.:
[33] Vgl.: Ebd.:
[34] Vgl.: Ebd.: S. 68.
[35] Vgl.: Ebd.: S. 70.
[36] Vgl.: Ebd.: S. 185
[37] Vgl.: Stengel: 1940. S. 15.
[38] Vgl.: Ebd.: S. 35.

Lothringen gleichgestellt.[39] Man könnte aber vermuten, dass er ausschließlich den Stamm „vertreten" habe aber kein wirklicher „Herzog" war. Für dieses Argument spricht sich auch Stengel aus in dem er betont dass es keinerlei Beweise dafür gäbe, dass Eberhard jemals einen Grafen eingesetzt oder abgesetzt habe oder er Versammlungen von Bischöfen abgehalten habe.[40] Stingl hingegen glaubt nicht an diese Theorie sondern vielmehr daran, dass Eberhard der „dauernde Führer" des fränkischen Stammes war. Die Tatsache, dass es dafür keine Beweise gäbe, könne nicht als argumentum e silentio gelten, weil es sowieso sehr wenige Quellen aus der Zeit um 900 gebe.[41] Stengel wiederum behauptet das Gegenteil indem der schreibt, dass Eberhard urkundlich überhaupt nie „Herzog" genannt wurde.[42] Als größtes Argument für die Tatsache, dass Eberhard Herzog von Franken gewesen ist, nennt Stingl die Annalen von Korvey. Dort ist Eberhard „dux" genannt worden.[43]

Alles in allem gibt es sowohl Argumente für Eberhard als Herzog von Franken als auch dagegen. Fraglich sind allerdings die Belege von Stingl, da er sich zum Teil selbst widerspricht indem er die Quellen in denen Eberhard als „dux francorum" für wenig vertrauenswürdig hält und dies beweist indem er seiner Meinung nach vertrauenswürdigere Quellen nennt in welchen Eberhard lediglich als „comes" bezeichnet wird.[44] Schlüssiger ist da die Argumentation von Stengel, welcher sich dafür ausspricht, dass man Eberhard auf keinen Fall als „Führer der Franken" bezeichnen kann. Stingl gibt aber zu, dass Eberhards Führungsposition eher schwach war und dass „eine dauernde Führerstellung in den Stämmen (...) nicht auf königlicher Einsetzung beruhte, sondern durch persönliche Macht und Fähigkeit und durch Zustimmung des Stammesvolkes (Stammesadels) errungen wurde."[45] Unter diesen Voraussetzungen könne man die Position Eberhards in Franken, wenn auch eher schwach, als stammesherzoglich charakterisieren.

---

[39] Vgl.: Zimmermann: 1963. S. 383.
[40] Vgl.: Stengel. 1940. S. 15.
[41] Vgl.: Stingl. 1974. S. 187.
[42] Vgl.: Stengel. 1940. S. 15.
[43] Vgl.: Stingl. 1940. S. 70.
[44] Vgl.: Ebd.: S. 71.
[45] Stingl: 1974. S. 189.

5. Wurde das fränkische „Stammesherzogtum" von den Königen offiziell anerkannt?

Wurde der fränkische Führer Eberhard von den Königen Heinrich I. und Otto I. welche nach seinem Bruder Konrad I. die Königswürde innehatten überhaupt anerkannt? Um diese Frage zu beantworten, werden von Stingl die königlichen Urkunden untersucht. Nach dem Tod von König Konrad I. 918 wurde der Heinrich I., der Herzog von Sachsen, mit Unterstützung von Eberhard zum König gewählt. Das Herzogtum Sachsen wurde also zum „Land des Königs" und nicht mehr Franken wie es zu Zeiten Konrads der Fall war. Stingl bezeichnet Franken nicht als ein politisches und selbstständiges Stammgebiet sondern als eine Art Kolonie des fränkischen Staates.[46] Außerdem war das fränkische Stammesgebiet an Rhein und Main im Zentrum des Reiches und so für den König Heinrich politisch und strategisch interessant.[47] Wohl auch deswegen versuchte der neue König die Position von Eberhard nicht zu stärken und ihm eine gleiche Stellung zu gewähren wie den „wirklichen" Herzögen in Bayern oder Lothringen.[48] Dieses Argument bekräftigt auch Stingl indem er schreibt, dass Arnulf von Bayern und Giselbert von Lothringen in den königlichen Urkunden Heinrichs I. insgesamt sechsmal „dux" genannt werden, während Eberhard von Franken lediglich als „comes" bezeichnet wird.[49] Auch in den Diplomen des Königs Otto I. wird Eberhard kein einziges Mal als „dux" tituliert sondern immer nur als „comes".[50] Vielleicht war es nach dem Tod von Konrad aber von Natur aus schon schwierig im ehemaligen Königsland Franken eine herzogsähnliche Stellung zu erreichen um eine politische und militärische Macht in einer Führungsperson zu vereinen. Stingl meint jedenfalls dazu: „Außerdem wurde dieses Gebiet, da es mitten im deutschen Reich lag, kaum von auswärtigen Feinden, wie Normannen oder Ungarn, bedroht. Es bestand hier also nicht, wie vor allem in Bayern oder Sachsen, ein außenpolitischer Druck, der die Entstehung einer starken Führungsposition außerordentlich begünstigt hätte.[51]

Dennoch versuchte Eberhard nach dem Tod seines Bruders auch außerhalb seiner territorialen Einflussgebiete seinen Einfluss zu vergrößern und somit seine

---

[46] Vgl.: Ebd.: s. 186.
[47] Vgl.: Zimmermann 1963. S. 387.
[48] Vgl.: Ebd.: S.388.
[49] Vgl.: Stingl: 1974. S. 194.
[50] Vgl.: Ebd.: S. 196.
[51] Stingl: 1974. S. 186.

herzogsähnliche Stellung machtvoller zu gestalten. Einen ersten Beleg dafür könnte Stingl liefern indem er vermutet, dass Eberhard 933 in der Schlacht bei Riade den fränkischen Heerbann gegen die Ungarn befehligt habe.[52] Zweitens beteiligte er sich 936 an den Aufständen gegen den inzwischen amtierenden König Otto. I. um seine Führerstellung im fränkischen Stamm zu festigen.[53] Dabei fand er allerdings den Tod und König Otto konnte endgültig verhindern, dass unter Eberhard ein starkes „Herzogtum" Franken entstand. Dafür spricht auch, dass Otto nach dem Tod Eberhards keinen Nachfolger für das fränkische „Stammesherzogtum" einsetzte, noch nicht mal jemanden aus seiner Familie, so wie er es bei dem damals ebenfalls getöteten Giselbert von Lothringen tat.[54] Zimmermann fasst dies wie folgt zusammen: „In Franken war kein herzogliches Amt vakant geworden und brauchte daher auch nicht neu besetzt zu werden, wenngleich mit Eberhard ein den Herzögen ranggleicher Großer verstorben war."[55]

Auch Stingl resümiert, dass Otto I. Eberhard offiziell nie als Herzog anerkannt hat, obwohl es wahrscheinlich „faktisch" ein Herzogtum Franken gab.[56] Was waren die Gründe hierfür? Zum einen nennt Stingl die schwache Position Eberhards die er nur allmählich verbessern konnte, dabei aber den Tod fand. Zum anderen bemerkt er, dass Eberhard deshalb nie offiziell von den sächsischen Königen als „dux oder „dux francorum" tituliert worden sei weil diese als Sachsen trotzdem unter fränkischem Recht lebten und Franken von jeher als Kronland ansahen und daher eine herzogliche Führungsposition nicht für rechtmäßig erklärten.[57]

6. Schlussbetrachtung

Kann man Franken nun abschließend in den ersten 30 Jahren des 10. Jahrhunderts als Herzogtum bezeichnen? Sicherlich könnte man mit Stingl argumentieren, dass es zwar inoffiziell ein Herzogtum in Franken gab und dass Eberhard auch wahrscheinlich von

---

[52] Vgl.: Ebd.: S. 187.
[53] Vgl.: Zimmermann: 1963. S. 388.
[54] Vgl.: Ebd.:
[55] Ebd.:
[56] Vgl.: Stingl: 1974. S. 197.
[57] Vgl.: Ebd.:

vielen Personen damals als Herzog angesehen wurde, nur eben nicht offiziell vom Königtum.

Auch auf Grund der wenigen Quellen aus der Zeit um 900 ist ein „Herzogtum" Franken schlicht und einfach nicht beweisbar und eine Lösung dieses Problems wird wahrscheinlich auch in Zukunft nicht zu Finden sein. Fakt ist jedenfalls, dass es in Franken nach dem Tod Eberhards 939 nie wieder ein Herzogtum gab. Dies ist umso merkwürdiger, weil die anderen Stämme wie in Bayern oder Schwaben nie eine längere Vakanz eines Herzogs akzeptierten und auch im ehemaligen „Königsland" Sachsen, nach dem Tod von Heinrich I., schon zu Zeiten Otto des Großen wieder Herzöge eingesetzt wurden. Vielleicht war dies aber auch in Franken wie oben beschrieben nicht nötig. Die Könige Konrad I., Heinrich I. und Otto I. galten allesamt als *rex Francorum*, also als König von Franken. Zimmermann bemerkt dazu: „Das gesamte Franken vom Rhein bis zum Fichtelgebirge blieb fortan Basis des Königtums, gleich aus welchem Stamm der König kam."[58]

Abschließend kann man sagen, dass sich der Begriff „Stammesherzogtum" vor der Regierungszeit Otto des Großen nur sehr allgemein definieren lässt als eine ständige Führungsposition in den einzelnen Stämmen, welche nicht durch den König legitimiert war sondern auf persönlichem Einfluss und durch Zustimmung des Stammesvolkes beruhte. Auf Grund dieses Fazits kann man auch die Position Eberhards in Franken als herzogsähnlich, sein Reich aber meiner Meinung nach nicht als stammesherzoglich bezeichnen. Er wurde nämlich nicht von ganz Franken als Herzog anerkannt[59], denn ein Teil des östlichen Reiches stand nicht unter seiner Führung, sondern gehörte seit dem Anfang des 10. Jahrhunderts zum bayerischen Herzogtum.[60]

---

[58] Vgl.: Zimmermann: 1963. S. 388.
[59] Vgl.: Stingl: 1974. S. 189.
[60] Vgl.: Ebd.:

7. Literaturverzeichnis

Robert-Henri Bautier [Hrsg.]; Robert Auty [Hrsg.]; Norbert Angermann [Hrsg.]: Lexikon des Mittelalters IV. Erzkanzler bis Hidensee. München, 1989. S. 2189 – 2193.

Matthias Becher: Rex, Dux und Gens. Untersuchungen zur Entstehung des sächsischen Herzogtums im 9. und 10. Jahrhundert. Husum, 1996.

Hans-Werner Goetz: „DUX" und „DUCATUS". Begriffs- und Verfassungsgeschichtliche Untersuchungen zur Entstehung des sogenannten „Jüngeren" Stammesherzogtums an der Wende vom Neunten zum Zehnten Jahrhundert. Bochum, 1977.

Edmund E. Stengel: Der Stamm der Hessen und das „Herzogtum" Franken. Weimar. 1940.

Herfried Stingl: Die Entstehung der deutschen Stammesherzogtümer am Anfang des 10. Jahrhunderts. Aalen, 1974.

Gerd Zimmermann: Vergebliche Ansätze zu Stammes- und Territorialherzogtum in Franken. in: Jahrbuch für fränkische Landesforschung 23. 1963. S. 379-408.